마법의 시간여행
지식탐험 ②

# 중세의 기사

앤터니에게

MAGIC TREE HOUSE RESEARCH GUIDE #2
**KNIGHTS AND CASTLES :**
**A nonfiction companion to** The Knight at Dawn
by Will Osborne and Mary Pope Osborne and illustrated by Sal Murdocca

Text Copyright ⓒ 2000 by Will Osborne and Mary Pope Osborne
Illustrations Copyright ⓒ 2000 by Sal Murdocca

Korean Translation Copyright ⓒ 2004 by BIR

Korean translation edition is published by arrangement with Random House Children's Books,
a division of Random House, Inc. New York, New York, USA through KCC.

이 책의 한국어판 저작권은 KCC를 통해 Random House Children's Books,
a division of Random House, Inc.와 독점 계약한 (주)비룡소에 있습니다.

저작권법에 의해 한국 내에서 보호를 받는 저작물이므로 무단 전재와 무단 복제를 금합니다.

# 마법의 시간여행
## 지식탐험 ②

# 중세의 기사

메리 폽 어즈번 · 윌 어즈번 지음
살 머도카 그림/노은정 옮김

비룡소

이 책은 다음과 같은 전문가들이 감수했습니다.

마이클 노리스 박사(메트로폴리탄 박물관 미술관, 박물관 교육 협회)
멜린다 머피(미국 텍사스 주 휴스턴 시 리드 초등학교 미디어 전문가)

# 차례

## 이 책을 읽는 친구들에게

마법의 오두막집을 타고서 모험을 하고 돌아올 때마다 우리는 언제나 우리가 갔던 곳들에 대해서 좀 더 알아 오지 못한 것이 아쉬웠어.

「마법의 시간여행」 시리즈 제2권 『도와줘요, 흑기사!』에서는 기사와 성이 있던 중세 유럽 시대에 갔다가 하마터면 지하 감옥에 갇힐 뻔했지 뭐야. 우리는 지하 감옥에 대해서 자세히 알고 싶어졌어. 갑옷에 대해서도 궁금한 게 많았고 성안에서는 어떤 일들이 벌어졌는지도 알고 싶었어.

그래서 우리는 자료를 찾기 시작했지.

먼저 도서관에 가서 백과사전에 나온 유명한 성의

사진을 보기도 하고 중세에 대한 책들을 읽기도 했어. 도서관에 계신 사서 선생님들은 우리가 인터넷에서 자료를 잘 찾도록 도와주셨어. 그래서 마침내 성이 어떻게 만들어졌는지 알아냈어!

우리가 모은 자료들을 다른 친구들과 나누고 싶어. 다들 수첩과 배낭을 챙겼겠지? 자, 그럼 저 다리를 건너 용감한 기사와 으리으리한 성이 있는 시대로 훌쩍 건너가 보자!

잭과
애너가

# 성의 시대, 중세

집을 한 채 짓는 데 20년이 걸린다고 생각해 봐요. 그런 집을 지으려면 사람들이 수천 명이나 필요할 거예요. 그리고 그 집을 관리하려면 하인이 수백 명은 돼야 하겠죠. 또 집을 지키기 위해서는 무장한 군대도 있어야 할 거예요. 그런 집은 바로 성이랍니다.

동화나 옛날이야기에는 멋진 성이 나오곤 하지요.

그런데 동화에 등장하는 그런 성들이 유럽에서는 실제로 만들어졌답니다. 바로 '중세'라는 시대에 말이죠.

중세는 5세기부터 15세기까지 약 1,000년 동안의 기간을 말해요. 이때를 중세라고 부르는 이유는 고대와 근대 사이에 있었던 시기이기 때문이에요. 중세를 다시 둘로 나누어 10세기까지를 중세 전기, 그 이후를 중세 후기라고 하기도 해요.

내가 쓰고 있는 안경도 중세 때 발명되었대!

중세 때 유럽에서는 참 많은 변화가 있었어요. 전보다 훨씬 많은 사람들이 글을 읽고 쓸 줄 알게 되었어요. 최초의 대학들이 생겨난 것도 이때랍니다. 새로운 형식의 그림과 시도 나타났어요. 도시가 생기고 상업과 농업이 발달하기도 했지요.

영국과 프랑스는 1337년부터 1453년까지 100년도 넘게 전쟁을 했어!

중세는 전쟁의 시대이기도 했어요. 유럽 곳곳에서 전쟁이 자주 일어났거든요. 종교 때문에 싸우기도 하고, 누가 누구와 결혼할 것인가를 두고 싸우기도 했죠. 하지만 대개는 땅을 더 차지하기 위한 전쟁이었어요.

1415년 아진코트 전투

중세 유럽에서는 거의 모든 땅을 왕들이 가졌어요. 왕이 가진 땅을 '왕국' 이라고 불렀죠.

대부분의 왕국은 왕 혼자서 지키기에는 너무 넓었어요. 그래서 왕은 자기 왕국을 조각조각 나눠서 믿을 만한 사람들에게 맡겼어요. 이런 사람들을 '영주'라고 불렀어요. 그리고 그렇게 나눠 준 땅을 '장원' 또는 '영지' 라고 해요.

영주는 장원을 다스리기는 했지만 그렇다고 그 땅

을 가진 것은 아니었어요. 단지 왕을 대신해서 그곳에 사는 사람들을 다스리는 것이었죠. 또한 영주는 자기가 다스리는 장원 안에 자신의 성을 지을 수 있었어요.

영주는 장원을 받은 대신에 왕에게 충성을 맹세했어요. 왕과 왕국을 위해서라면 목숨도 내놓겠다고 약속했던 거죠.

또한 영주는 왕국에 적이 쳐들어왔을 때 군사들을 보내겠다는 약속도 했어요. 이러한 군사들을 '기사'라고 해요. 기사들은 왕과 영주에게 충성을 맹세하고 역시 장원을 받았어요.

장원에서 일하는 사람들 대부분은 '농노'였어요. 농노는 영주의 지배를 받는 농민인데 신분이 가장 낮은 사람들이었지요. 농노에게 권리라고는 하나도 없었어요.

농노들은 아주 조그마한 땅에다 농사를 지었어요. 그리고 추수를 하면 가족들을 위해 약간을 떼어 놓고 나머지는 영주에게 다 바쳤죠.

12

게다가 농노들은 장원에서 농사를 짓는 대가로 영주의 밭에 가서 일을 해 주어야 했어요. 어떤 농노들은 영주의 집안일을 대신 해 주기도 했고, 영주가 성을 지을 때 가서 일을 해 주기도 했어요.

이렇게 영주가 왕에게 땅을 받고 충성을 맹세하며 농노가 땅을 쓰는 대가로 일을 해 주었던 중세의 제도를 '봉건 제도' 라고 해요.

농노들은 작은 집에서 아주 가난하게 살았어.

## 봉건 제도와 계급

▶ 왕.

▶ 영주.

▶ 기사.

▶ 농노.

# 영주와 귀부인들

중세 때 부유하게 사는 사람들은 거의 귀족이었어요. 귀족 집안들은 오랫동안 넉넉하게 살았지요.

남자 귀족들은 남작, 공작, 백작 같은 칭호를 갖고 있었어요. 귀족 집안의 여자들은 '귀부인' 이라고 불렸어요.

**애니 아가씨
펜실베니아의 백작 부인**

**잭 영주
프로그의 공작**

남작 부인, 공작 부인, 백작 부인이라는 칭호가 붙기도 했지요.

봉건 제도는 중세 시대의 질서를 유지하는 데 도움
이 되었어요. 하지만 평등하지는 못한 제도였죠.

귀족이 되려면 귀족 집안에 태어나야만 했으
니까요. 아무리 열심히 일하고 돈을 많이
벌어도 보통 사람이 귀족이 될 수는 없었어요.
하지만 지금은 자기가 하고 싶은 것은
뭐든 할 수 있는 자유가 있어요. 대통령이
될 수도 있죠.

영국 웨일스의 카디프 성

# 성을 만든 사람들

봉건 제도에서 성은 아주 중요한 것이었어요. 영주와 장원을 적의 공격으로부터 지켜 주었거든요.

성이 처음 생긴 게 언제인지는 아무도 몰라요. 유럽 사람들은 1050년 무렵부터 중세 말까지 성을 많이 지었어요.

중세 때 성이 유난히 많이 생겼기 때문에 어떤 역사학자들은 중세를 '성의 시대'라고 부르기도 해요. 중세 말기에 유럽에는 자그마치 1만 2,000채가 넘는

**역사학자**란 역사에 대해서 공부하고 글을 쓰는 사람이야.

17

성이 있었다고 해요.

## 나무로 지은 성

처음에 지어진 성들은 동화책에 나오는 성처럼 멋있지 않았어요. 오히려 서부 영화에 나오는 요새와 더 비슷했지요. 나무로 지었거든요.

그때는 성을 주로 언덕 위에 세웠어요. 언덕 위에 탑 모양의 건물을 짓고 그 주위를 나무 울타리로 둘러 막았죠.

나무 성을 짓는 데는 시간이 오래 걸리지 않았어요.

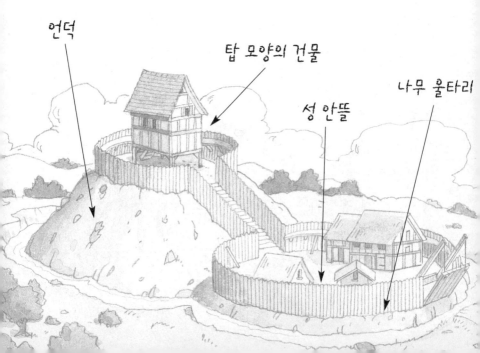

언덕
탑 모양의 건물
성 안뜰
나무 울타리

일주일도 되지 않아 성을 완성한 경우도 있었어요! 하지만 나무 성은 너무 약했어요.

적의 군대가 나무 울타리를 부수고 들어오거나 나무 건물들을 불태워 버릴 수도 있었으니까요.

나무보다 든든하게 적의 공격을 막을 수 있는 것은 무엇이었을까요? 바로 돌이었죠. 그래서 1100년대 무렵에는 대부분의 성을 돌로 짓기 시작했어요.

## 돌로 지은 성

성을 돌로 짓는 것은 나무로 짓는 것보다 훨씬 힘이 많이 들었어요.

우선 엄청나게 많은 돌을 캐내야 했지요. 그때는 불도저 같은 기계도 없어서 사람들이 직접 손으로 돌을 캐야 했어요.

그뿐인가요? 무거운 돌들을 수레나 배에 실어서 성을 지을 곳으로 날라야 했는데 돌을 싣고 내리는 것도 만만치 않은 일이었죠.

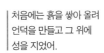 

처음에는 흙을 쌓아 올려 언덕을 만들고 그 위에 성을 지었어.

성을 짓는 데는 여러 기술자, 즉 장인들이 필요했어요.

석공들은 성을 쌓을 돌을 반듯하게 다듬었어요.

석공들 가운데 가장 높은 사람을 '대석공'이라고

불렀어요. 대석공은 영주와 함께 성의 모양을 결정하고 성을 짓는 방법을 계획했어요. 그리고 다른 일꾼들이 제대로 일하고 있는지 감시하는 일도 했어요.

석공들은 성을 쌓기 좋게 돌을 다듬었어
요. 석공들은 각자 자기가 만든 돌에 나름
대로 특별한 표시를 새겨 넣기도 했어요.
화가들이 자기 그림 한쪽에 사인을 하는 것처럼요.

목수들은 성을 짓는 데 필요한 나무 장치들을 만들
었어요. 목수들이 나무를 엮어 높은 발판을 만들면
석공들이 맨 꼭대기까지 올라갔어요. 그러고서 돌을
끌어올려 성벽을 쌓았지요.

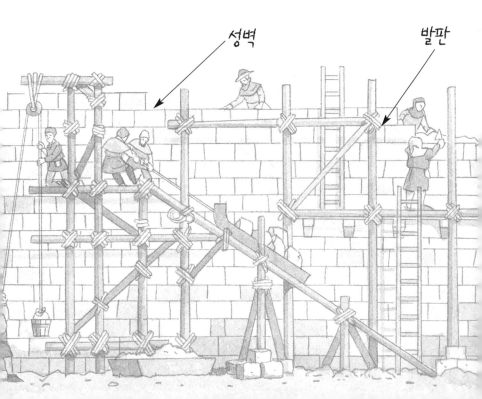

성벽

발판

대장장이들은 못을 비롯한 여러 연장들을 만들었
어요. 그리고 망가진 연장을 고치기도 했지요. 연장
들이 워낙 잘 망가졌기 때문에 대장장이들은 쉴 틈이
없었답니다.

성을 지었던 대석공과 목수와 대장장이들은 기술
이 아주 뛰어난 장인들이었어요. 여러 해 동안 기술
을 갈고닦아 솜씨가 가장 좋은 사람들이었죠.

22

장인들은 자기 밑에 '도제'를 두었어요. 도제란 장인 밑에서 기술을 배우는 조수 겸 제자를 말해요.

하지만 성을 짓기 위해서는 장인들과 도제들만으로는 일손이 부족했어요. 그래서 성 주위에 사는 가난한 농노들이 성을 짓는 일을 도와야 했어요.

## 성을 짓는 사람들의 직업

▶석공.

▶목수.

▶대장장이.

▶도제.

▶농노.

돌로 성을 짓는 데는 20년이 넘게 걸리기도 했어요. 그리고 무려 1,000명이 넘는 사람들이 그 일에 매달려야 했죠.

# 장인이 되는 길

　장인이 되려면 우선 장인의 밑에 들어가 도제가 되어야 해요. 도제는 아무런 대가 없이 심부름과 잔일을 해 주면서 기술을 익히죠.

　도제로 7년쯤 일하면 '직인'이 돼요. 이때는 대가를 약간 받으며 기술을 더 갈고닦아요.

어느 정도 기술이 늘면 자기 솜씨를 보여 줄 수 있는 작품을 만들어 '길드'에 선보여요. 길드란 같은 종류의 기술을 가진 장인들의 모임이에요.

축하합니다! 축하합니다! 선보였던 작품이 드디어 길드의 시험에 통과했어요! 이제 길드의 회원이 되었으며 도제를 둘 수 있는 권리가 있어요!

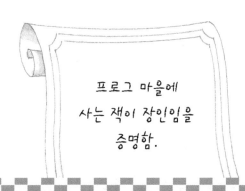

프로그 마을에
사는 잭이 장인임을
증명함.

# 세상에서 가장 튼튼한 성

성을 돌로 지으면 나무로 지을 때보다 시간이 훨씬 많이 걸렸어요. 돈도 물론 더 많이 들었고요.

그래도 영주들은 돌로 된 성을 더 좋아했죠. 일단 돌로 성을 쌓으면 적들을 막기가 한결 쉬웠거든요.

돌로 지은 성에는 성벽 위로 우뚝 솟은 높은 탑이 있었어요. 그곳에는 경비병이 늘 있었지요. 경비병은 적을 발견하면 즉시 나팔을 불어서 주위에 이 사실을 알렸어요.

보초병들은 활과 화살을 들고 성벽의 꼭대기 위에 빙 둘러 서 있었어요. 그곳에는 보초병들이 몸을 숨길 수 있는 '흉벽'이라는 가슴 높이의 담이 있었어요. 흉벽에는 '방호벽'을 쌓았고 그 사이사이에는 '총안'이라는 구멍을 뚫어서 그 틈으로 적을 공격할 수 있도록 했어요.

경비병이 적을 발견하고서 경고 나팔을 불면 보초병들은 총안을 통해서 적에게 화살을 쏘았어요. 그리고 적들이 화살을 쏘면 방호벽 뒤로 몸을 피했지요.

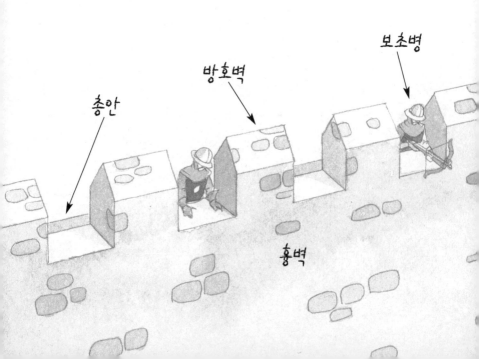

보초병

방호벽

총안

흉벽

탑

경비병

적들이 성안으로 들어가려면 우선 '성문탑'을 지나야 했어요. 성문탑은 성문으로 통하는 길인데 사방이 벽으로 둘러싸여 있고 양쪽 끝에는 커다란 문이 있었어요. 적이 성문탑 안으로 들어왔을 때 경비병들이 문을 닫으면 적은 꼼짝없이 갇히게 되었죠!

성문탑을 무사히 통과했다면 이번에는 '해자'가 기다리고 있었어요. 해자는 성 둘레에 만든 깊고 넓은 도랑인데 대개는 그 안에 물이 채워져 있었어요.

해자 안에 악어가
살기도 했대!

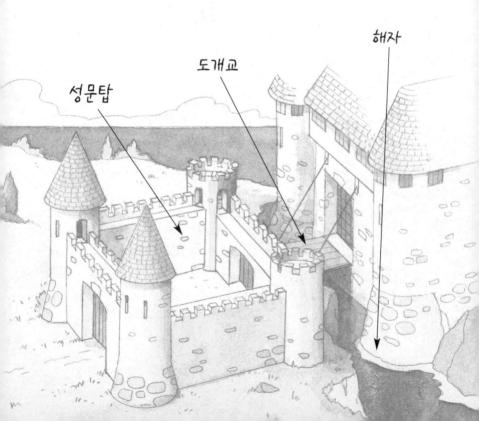

해자

도개교

성문탑

해자를 건너려면 성과 연결된 '도개교'를 건너야
했어요. 도개교는 보통 다리와는 달리 위로 들어 올
릴 수 있었지요. 도개교를 밑으로 내리면 성문으로
이어지는 다리 노릇을 했고 올리면 문을 막는 역할을
했어요.

도개교를 건넜다고 성안으로 들어갈 수 있었을까
요? 물론 아니죠. 위에서 아래로 닫히는 쇠창살 문이
또 한 번 성문을 막고 있었거든요.

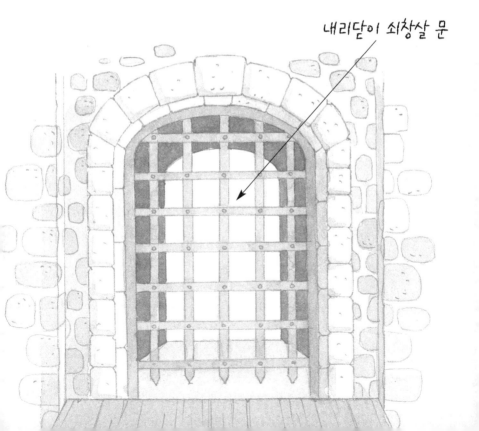

내리닫이 쇠창살 문

쇠창살 문을 지나면 나무로 된 커다란 문이 나왔어
요. 이게 바로 진짜 성문이죠. 성문은 아주아주 두꺼
웠고 단단한 빗장이 걸려 있었어요.

성문을 지키는 경비병은 적의 침입을 알리는 나팔
소리가 들리면 도개교를 들어올리고 쇠창살 문을 내
리고 쇠창살 문 뒤에 있는 나무 성문을 닫고서 빗장
을 걸었어요.

그러니 어지간해서는 적이 성안으로 들어갈 수가
없었겠죠?

중앙 망루

종안

매 사육장

탑

방호벽

흉벽

해자

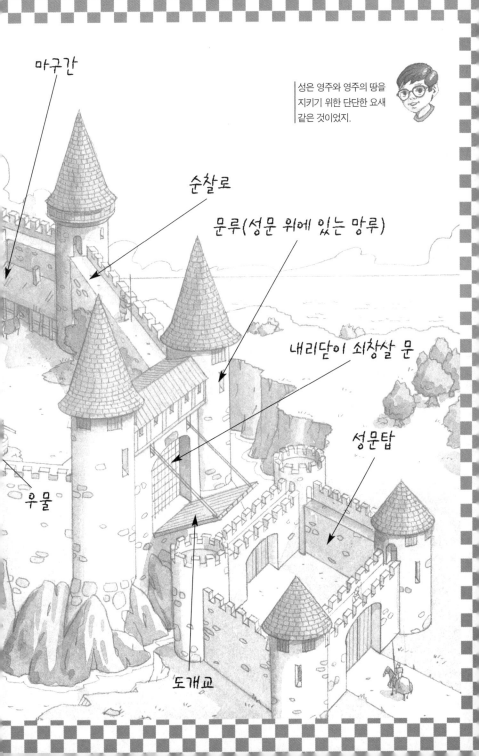

마구간

순찰로

문루(성문 위에 있는 망루)

성은 영주와 영주의 땅을 지키기 위한 단단한 요새 같은 것이었지.

내리닫이 쇠창살 문

성문탑

우물

도개교

# 성에는 누가 살았을까?

성은 적을 막기 위해서 지어진 것만은 아니었어요. 성은 영주나 귀부인에게는 안락한 집이기도 했지요.

귀족 출신의 영주와 귀부인들은 열네 살이 넘기 전에 아주 어린 나이에 결혼했어요.

귀족들의 결혼은 대부분 부모들의 결정에 따랐어요. 그래서 신랑과 신부가 결혼식을 올리는 날까지 서로 얼굴을 한 번도 보지 못하는 경우까지 있었답니다.

결혼한 영주와 귀부인은 해야 할 일이 많았어요.

영주는 장원을 다스렸어요. 장군이자 경찰 서장이
자 판사 노릇까지 혼자 도맡아야 했어요. 사람들 사이
의 싸움을 해결해 주고 나쁜 짓을 한 사람들을 벌주는
것도 영주의 일이었죠. 영주는 장원에 사는 사람들을
보호하는 대신 그들에게서 세금을 거두었어요.

한편 영주의 부인은 성안의 살림살이를 맡았어요. 하인들을 관리하고 영주가 멀리 떠나 있을 때는 성안의 크고 작은 일들을 챙겼죠.

영주와 귀부인은 함께 사냥을 하며 시간을 보내기도 했어요. 노래를 부르고 악기를 연주하기도 했고요. 체스 게임을 좋아하는 귀족들도 많았어요.

영주들과 귀부인들은 대부분 사냥을 하기 위해 매를 키웠어.

　영주와 귀부인 사이에서 태어난 아이들은 대개 일
곱 살 정도가 되면 다른 성으로 보내졌어요. 그곳에
서 귀족으로서 갖추어야 할 예절을 배우고 지식을 익
혔지요. 부모와 함께 살면 버릇이 없어질까 봐 그렇
게 했던 거죠.

　성에는 하인이 수백 명이나 있었어요. 영주와 귀부
인을 편안하고 안전하고 행복하게 해 주는 것이 하인

들이 하는 일이었어요.

부엌에서 일하는 하인들은 고기를 굽고 빵을 만들었어요. 빨래와 청소만 하는 하인들도 있었어요.

영주와 귀부인이 목욕하고 옷 입는 것을 거드는 하인도 따로 있었죠. 영주나 귀부인을 바로 곁에서 거드는 일을 하게 되면 하인들은 그것을 아주 큰 영광으로 생각했어요.

영주와 귀부인은 동화책에나 나올 것 같은 화려한 옷을 입고 살았어요. 귀부인은 늘 치렁치렁한 드레스를 입었죠. 게다가 귀부인의 머리 장식은 정말 어마어마하게 커다랬어요! 결혼한 여자는 머리카락이 한 올도 드러나지 않게 가리는 것이 중세 시대의 관습이었거든요.

**튜닉**은 셔츠나 블라우스 위에 헐렁하게 걸치는 옷을 말해.

영주는 양털로 짠 스타킹을 신고 린넨으로 만든 흰 셔츠를 입었어요. 그리고 셔츠 위에 '튜닉'을 걸치기도 했죠. 또 때로는 긴 장식이 달린 너풀거리는 모자를 쓰기도 했어요.

그때는 앞코가 뾰족한 신이 유행이었어요. 어떤 신은 어찌나 앞코가 길고 뾰족하던지 발보다 두 배나 길었대요!

영주와 귀부인은 목욕을 자주 하지는 않았어요. 중세 유럽에서는 몸을 드러내는 것을 굉장히 싫어했거든요. 그래도 어쩌다 목욕을 할 때는 하인들이 커다란 나무 목욕통에 따뜻한 물을 채우고 재와 양고기 기름으로 만든 비누로 몸을 닦아 주었어요.

영주와 귀부인은 커다란 침대에서 잤어요. 침대는
아주 화려하게 꾸며졌고 둘레에는 커튼이 쳐져 있었
죠. 영주가 다른 성을 방문할 때 자기 침대와 목욕통
을 가지고 가는 경우도 있었다네요.

침대는
쥐가 올라오지
못하도록 높게
만들었대!

## 연회장

연회장은 성안에서 가장 큰 방이었어요. 그곳에서
영주는 장원 안에 사는 사람들 사이에서 일어나는 다

틈을 해결해 주기도 하고 중요한 손님을 맞이하기도 했어요. 또 영주의 가족들과 기사들과 손님들이 식사를 하기도 했어요.

식사를 할 때는 연회장에 촛불과 횃불을 밝혔어요. 그리고 연회장의 한쪽 끝에 커다란 불을 피우기도 했지요.

다른 쪽 끝에는 높다란 탁자가 있었어요. 이 탁자는 대개 연회장의 바닥보다 약간 높은 곳에 두었죠. 여기서 영주와 귀부인이 식사를 했어요. 귀족들의 음식은 백랍이나 은 혹은 금으로 된 접시에 담겨져 나왔어요.

**백랍**은 꿀벌의 벌집에 들어 있는 밀랍을 희게 만든 거야.

귀족이 아닌 사람들은 기다란 나무 탁자 주위의 긴 의자나 등받이 없는 의자에 앉아서 식사를 했어요. 탁자 위에는 그릇이 따로 없었어요. 그 대신 딱딱하게 굳은 빵 조각 위에 음식이 얹혀져서 나왔지요. 빵 조각이 너무 오래되어 눅눅해져서 먹기가 어려울 때는 성 밖의 거지들에게 던져 주곤 했어요.

식사 예절도 지금하고는 조금 달랐어요. 포크가 없

었기 때문에 손으로 음식을 먹어도 아무도 이상하게 보지 않았어요. 그뿐만 아니라 컵 하나를 여러 사람이 같이 썼어요. 그리고 음식찌꺼기를 바닥에 그냥 버려도 아무도 뭐라고 하지 않았죠. 심지어는 바닥에 침을 뱉어도 괜찮았대요.

그러니 식사가 끝날 때쯤 연회장의 바닥은 말할 수 없이 지저분했어요. 음식 찌꺼기, 뼈다귀, 동물들의 배설물까지! 고약한 냄새를 없애기 위해 하인들은 말린 풀이나 꽃을 바닥에 가끔 뿌렸어요.

요리사들은 상에 내놓을 귀한 음식들을 만드느라 밤낮없이 일했어요. 통째로 구운 공작에 공작 깃털을 장식해서 내놓기도 했고 부리에 황금 칠을 한 백조 요리를 내놓기도 했어요.

어떤 요리사는 살아 있는 새를 파이 속에 집어넣기도 했대요. 파이를 자르면 새가 펄펄 날아오르도록 말이에요!

기쁜 일이나 특별한 일이 있을 때에는 성에서 축제가 열렸어요. 축제날에는 연회장에 음악 소리가 넘쳐

났죠. 손님들이 식사를 하는 동안 가수는 노래를 하고 악사들은 음악을 연주했어요. 그리고 묘기꾼과 어릿광대들은 잔치의 흥을 돋우었죠.

어릿광대는
왕이나
영주 아래서
익살 부리고
재롱 떠는
일을 했어.

# 엄격한 종교와 즐거운 축제

종교적인 축제날이나 장날이 되면 성안은 온통 술렁술렁 시끌벅적했어요.

종교적인 축제는 크리스마스나 부활절 같은 날에 열렸어요. 연회장에서도 축제가 벌어졌죠. 축제날이면 영주는 장원의 모든 일꾼들을 하루 쉴 수 있게 해 주었어요.

축제날에 마을에서는 연극을 공연하기도 했어요. 주로 성경에 나오는 이야기를 연극으로 꾸몄지요.

영어로 쉬는 날, 경축일을 뜻하는 홀리데이는 '신성하다'는 의미의 '홀리'와 '날'이라는 의미의 '데이'가 합쳐져서 된 말이야.

## 중세의 종교

중세에는 종교가 일상생활에서 아주 큰 자리를 차지했어요.

성에는 예배당이 딸려 있었어요. 예배당은 성에서 가장 아름다운 방이었죠. 그 안에는 색유리로 장식한 창문과 멋들어진 벽화와 금으로 만든 십자가가 있었어요.

왕과 귀족들은 성당을 세울 수 있게 돈을 내기도 했는데, 어떤 성당은 성보다도 훨씬 컸대!

성에는 신부님도 물론 있었어요. 매일 아침 영주와 귀부인은 신부님과 함께 예배당에서 기도를 올렸어요. 신부님은 식사 전에 하는 기도도 맡았고 결혼식이나 그 밖의 종교적인 일들이 있을 때 예배를 올렸어요.

영주들은 자기 장원 안에 사는 농노들을 위해서 교회를 따로 지어 주었어요.

장원의 영주와 귀부인은 성지 순례를 떠나기도 했어요. 성지 순례란 종교적으로 특별한 의미가 있는 장소를 다녀오는 것이에요. 중세 사람들은 성지 순례를 하면 죽어서 천당을 갈 수 있다고 믿었어요.

## 장날

성에서 하는 행사가 다 종교적인 의미가 있는 것은 아니었어요. 장날도 있었거든요. 그중에는 먼 곳에 사는 장사꾼들까지 다 모이는 큰 장날도 있었죠.

장은 대개 일주일에 한 번 열렸어요. 장날이 되면 농부들과 상인들이 성문 밖에 노점을 차렸어요. 그러면 성안에 사는 사람들이 와서 음식과 옷과 그 밖의 여러 물건들을 샀어요.

**노점**은 길가에 물건을 벌여 놓고 장사하는 곳을 말해.

보다 큰 장은 1년에 한두 번 정도 있었어요. 이때는 전국 방방곡곡의 상인들이 모여 천막을 치고 장을 벌였죠. 큰 장에서는 초, 비누부터 모양이 희한한 칼까지 별별 물건을 다 팔았어요. 가까운 마을에 사는 사람들은 파이, 케이크, 포도주 등을 내다 팔았죠.

음유 시인들은 장터에 나온 사람들 사이를 돌아다니며 노래를 불렀어요. 주로 위대한 영웅들의 모험담을 노래로 만들어 불렀죠. 곰이나 개를 훈련시켜서 재주를 부리게 하고 돈을 버는 사람들도 있었어요.

장원에 사는 사람들은 장날을 손꼽아 기다렸어요.

**음유 시인**은 여러 지방을 떠돌아다니면서 시를 읊었던 시인이야.

54

따분한 일상생활에서 벗어나 신나게 놀기도 하고 필요한 물건을 장만할 수 있었거든요. 그리고 모처럼 이웃 사람들이나 친구들을 만나 서로의 소식을 주고 받거나 떠도는 소문을 들을 수도 있었답니다.

상인들의 노점

동양에서 건너온 비

공놀이 재주꾼

음유 시인

춤추는 곰

곡예사

스페인에서
만든 칼

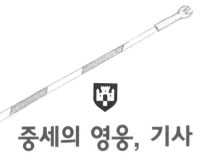

# 중세의 영웅, 기사

　중세의 음유 시인들은 영웅들의 이야기를 노래로 만들어 불렀어요. 노래 속의 영웅들은 모두들 용감하고 씩씩하고 정의로운 사람이었죠. 그 영웅들은 바로 기사들이었어요!

　유럽에서는 나라마다 기사를 뜻하는 말이 달랐어요. 프랑스에서는 '슈발리에', 독일에서는 '리히터', 스페인에서는 '카발레로스'라고 불렀어요. 이 말들에는 모두 '말을 탄 사람' 이란 뜻이 담겨 있어요.

즉 말을 타고 싸움을 하는 병사들을 기사라고 불렀던 거예요.

## 기사가 되는 길

기사가 되는 길은 멀고도 험했어요. 오랫동안 고된 훈련을 받아야 했거든요. 게다가 돈도 많이 들었어요. 말과 갑옷도 아주 비쌌지요. 그래서 기사들 중에는 돈이 많고 지위가 높은 집안에서 태어난 사람들이 많았답니다.

기사가 되고 싶은 소년은 일곱 살 때쯤부터 수련을 쌓기 시작했어요. 소년의 부모는 때가 되면 아들을 다른 영주의 성으로 보냈어요. 그곳에서 소년은 시동이 되었지요.

시동은 예의범절을 배우고 영주의 가족들이 식사할 때 시중을 들었어요. 그리고 나무로 된 칼을 들고 나무로 된 말을 타고서 싸움 기술도 익혔죠.

시동이 열네 살쯤 되면 기사의 시종인 '종자' 가 되

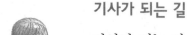

남자들만 기사가
될 수 있었다니
정말 불공평해!

잭 오빠는 좋겠다!
시동이 될 수 있으니!

었어요. 종자란 기사의 수제자쯤 된다고 생각하면 맞
아요.

종자는 자기가 모시는 기사의 말을 돌보고 무기와
갑옷을 반짝반짝하게 닦아야 했어요. 기사가 전쟁

터에 나가면 종자도 당연히 따라갔지요.

　종자는 전쟁이 나면 언제든 자기가 모시는 기사의 옆에서 함께 싸울 준비가 되어 있어야 했어요. 그래서 종자는 진짜 칼과 여러 무기들을 가지고 싸움 연습을 많이 했어요.

　종자는 무엇보다도 말을 탈 수 있어야 했어요. 전쟁터에 나가면 양손에 무기와 방패를 들고 싸워야 했으니까요. 그래서 손을 사용하지 않고 말을 타는 법을 익혔어요.

　종자는 대개 스물한 살에 기사가 됐어요. 종자가 '기사 서임식'이라는 의식을 통해 기사 작위를 받았지요.

기사 서임식에서 종자의 어깨를 칼등으로 세 번 치면서 "그대는 기사로다." 하고 선언했어.

　종자의 아버지 또는 그를 가르쳐 준 기사가 기사 작위를 주었어요. 하지만 아주 좋은 집안에서 태어난 종자는 왕한테서 직접 기사의 작위를 받기도 했답니다.

　기사는 서임식에서 용맹하게 싸울 것과 왕에게 충성할 것을 약속해요. 그리고 영주와 왕과 교회를 지킬 것도 맹세하죠.

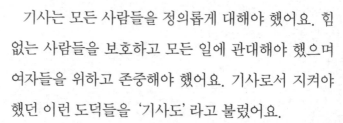

## 기사가 되는 길

▶시동.

▶종자.

▶(기사 서임식)

▶기사.

### 기사도

중세 후기의 기사는 서임식에서 예의범절을 지킬 것도 맹세하게 되었어요.

기사는 모든 사람들을 정의롭게 대해야 했어요. 힘 없는 사람들을 보호하고 모든 일에 관대해야 했으며 여자들을 위하고 존중해야 했어요. 기사로서 지켜야 했던 이런 도덕들을 '기사도'라고 불렀어요.

실제로는 무자비하고 잔혹한 기사도 있었어요. 하지만 음유 시인의 노래에 나오는 영웅들은 기사도를 잘 지키며 나쁜 행동은 절대로 하지 않지요.

**기사도**란 말은 프랑스어 '슈발'에서 왔는데 이것은 '말'을 뜻한대.

# 아서 왕과 원탁의 기사들

가장 널리 알려진 기사 이야기는 바로 아서 왕과 카멜롯 왕국에 대한 이야기예요. 아서 왕은 실제로 있었던 사람일까요? 그것은 분명하지 않아요.

아서 왕에 관한 유명한 이야기 중의 하나가 바로 돌에 박힌 검에 대한 이야기예요. 사람들이 기다란 검이 박혀 있는 바위를 발견했는데 그 바위에는 이런 글귀가 씌어 있었죠. "이 검을 뽑는 자가 영국의 왕이 되리라."

아서라는 이름의 한 나이 어린 시동이 그 검을 뽑았지요. 그 바위에 검을 박아 놓은 사람은 바로 멀린이라는 마법사였어요. 아서는 예언대로 정말로 왕이 되었고 멀린은 아서 왕의 가장 믿을 만한 친구가 되어 주었지요.

아서가 왕이 되자마자 아서를 반대하는 사람들이 군대를 일으켰어요. 하지만 아서는 멀린의 도움을 받아 이들을 물리치고 왕으로서 인정받았어요. 멀린은

마법사 멀린

또한 아서가 '원탁의 기
사'를 만들도록 도와주었
어요.

　아서의 기사들은 높은 자
리, 낮은 자리, 좋은 자리, 나쁜 자리가 따로 없는 둥
그런 탁자에 둘러앉아서 회의를 했죠. 그래서 원탁의
기사들, 즉 둥근 탁자의 기사들이란 이름이 생겨난
거예요.

원탁의 기사들 가운데 가장 유명한 기사를 꼽으라면 란슬롯 경과 갈라하드 경일 거예요. 둘 다 기사도 정신을 몸소 실천한 훌륭한 기사들이었거든요.

란슬롯 경

갈라하드 경

68

아서 왕 이야기에서 중요한 역할을 하는 여자는 기
네비어 왕비와 모건 르 페이예요.
기네비어는 아서 왕의 아름다운 왕비였어요.
모건 르 페이는 아서 왕의 배다른 여동생으로 멀린
으로부터 하늘을 나는 법과 모습을
바꾸는 마법을 배웠어요.

기네비어 왕비

모건 르 페이

철 갑옷으로 완전히 무장한 기사

# 세상에서 가장 무거운 갑옷

기사 서임식 때 새로 기사가 된 사람은 갑옷 한 벌을 받았어요. 갑옷은 적의 무기로부터 기사를 보호하기 위해 쇠붙이로 만든 옷이에요.

갑옷은 아주 무거웠어요. 바람도 잘 통하지 않아서 입고 있으면 무척 더웠어요. 게다가 워낙에 딱딱하고 뻣뻣해서 입고 벗기도 힘들었죠. 하지만 갑옷은 전쟁터에서 기사의 몸을 보호해 주었으니 꼭 입어야 했겠지요?

초기의 갑옷은 촘촘하게 연결된 작은 쇠고리로 만들어졌어요. 이렇게 연결된 고리를 '쇠미늘' 이라고 불렀어요. 쇠미늘은 11세기에 유행했지요.

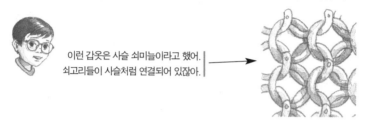

이런 갑옷은 사슬 쇠미늘이라고 했어.
쇠고리들이 사슬처럼 연결되어 있잖아.

기사들이 싸우러 나갈 때 입었던 쇠미늘 겉옷은 '미늘 갑옷' 이라고 해요. 미늘 갑옷은 날카로운 칼날로부터 기사들의 몸을 지켜 주었지요. 하지 만 쇠미늘 틈으 로 단검의 칼날 이 뚫고 들어올 수도 있다는 게 문 제였어요.

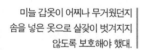

미늘 갑옷이 어찌나 무거웠던지
솜을 넣은 옷으로 살갗이 벗겨지지
않도록 보호해야 했대.

또 화살이 미늘 갑옷을 뚫을 수도 있고 무거운 쇠
방망이 같은 것에 맞으면 뼈가 부러질 수도 있었죠.
    기사들은 더욱더 튼튼한 갑옷이 필요했어요. 그래
서 미늘 갑옷 위에 철판을 대기 시작했죠.

길이가 짧고 끝이
아주 뾰족한 칼을
단검이라고 해.

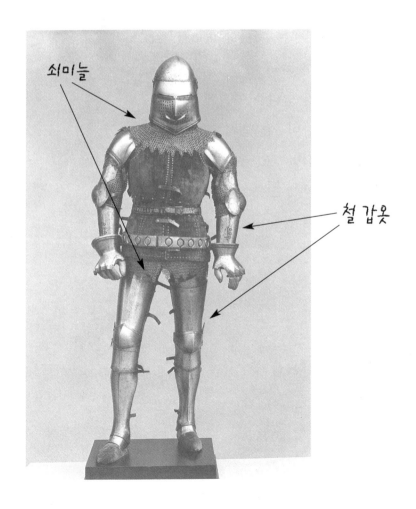

쇠미늘

철 갑옷

철 갑옷은 쇠미늘 갑옷보다 훨씬 더 튼튼했어요.
그래서 1400년 무렵에 이르러 기사들은 쇠미늘 갑옷
을 더는 입지 않게 되었죠. 대신에 머리에서 발끝까
지 철판으로 된 갑옷을 입었어요.

### 투구

투구는 기사의 머리를 보호
해 주는 중요한 부분이었어요.
갑옷의 다른 부분처럼 투구도
시간이 지나면서 모양이 많이
바뀌었지요. 초기에는 쇠로 된
모자에 코를 보호하는 철판이
달려 있었어요.

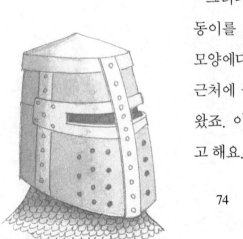

그러다가 양
동이를 뒤집어 놓은
모양에다 밖을 볼 수 있도록 눈
근처에 구멍이 뚫린 투구가 나
왔죠. 이런 투구를 '헬름' 이라
고 해요.

74

14세기 기사들은 '배서닛' 이라고 하는 투구를 썼어요. 배서닛은 머리 모양에 보다 잘 맞는 투구였지요. 배서닛에는 올렸다 내렸다 할 수 있는 얼굴 가리개가 있었어요. 그래서 싸움을 하지 않을 때는 얼굴 가리개를 위로 올려 앞을 더 잘 볼 수 있었죠.

때로 기사들은 말을 타고 검술을 겨루는 시합에 나갔어요. 그럴 때는 아주 화려하고 무거운 투구를 썼지요. 어떤 것은 18킬로그램이 나가기도 했대요!

## 갑옷을 제대로 갖춰 입으려면

철 갑옷은 이것저것 걸칠 것이 많아서 머리끝에서
발끝까지 다 갖춰 입으려면 한 시간도 넘게 걸렸어요.
심지어는 쇠 장갑에 쇠 구두까지 신어야 했지요!

말 앞가슴 보호용
철 갑옷

심지어 기사가 탈 말도 갑옷을 입었답니다.

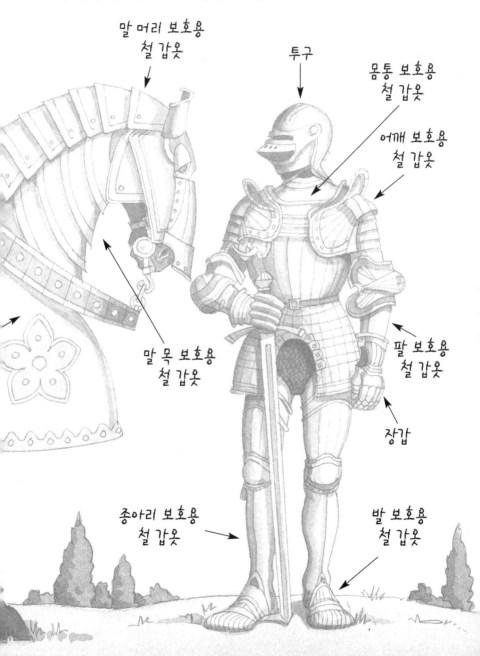

말 머리 보호용
철 갑옷

투구

몸통 보호용
철 갑옷

어깨 보호용
철 갑옷

말 목 보호용
철 갑옷

팔 보호용
철 갑옷

장갑

종아리 보호용
철 갑옷

발 보호용
철 갑옷

# 기사의 문장

　투구를 쓰면 얼굴이 보이지 않아요. 그래서 기사들은
전쟁터에서 커다란 표시로 내 편, 네 편을 구분했어요.
이런 표시를 '문장' 이라고 해요.

　처음에는 아무거나 자기 문장으로 고를 수 있었어
요. 용감함을 나타내는 사자를 문장으로 삼은 기사도
있었고 강인함을 나타내는 나무를 문장으로 삼은 기
사도 있었지요.

나무
문장의 애니

올빼미
문장의 잭

그러다 결국에는 문장으로 사용할 그림이 모자라
게 되었어요.

태양
문장의 애니

태양
문장의 잭

그래서 누가 어떤 그림을 사용할 것인지를 정하는
엄격한 규칙이 만들어졌어요. 또 그런 그림들을 어떻
게 그려야 하는지에 대한 규칙도 생겨났죠. 그리고
문장을 규칙에 맞게 만들었는지 확인하는 사람을
'문장관' 이라고 불렀어요.

파랑새
문장의 애니

재규어
문장의 잭

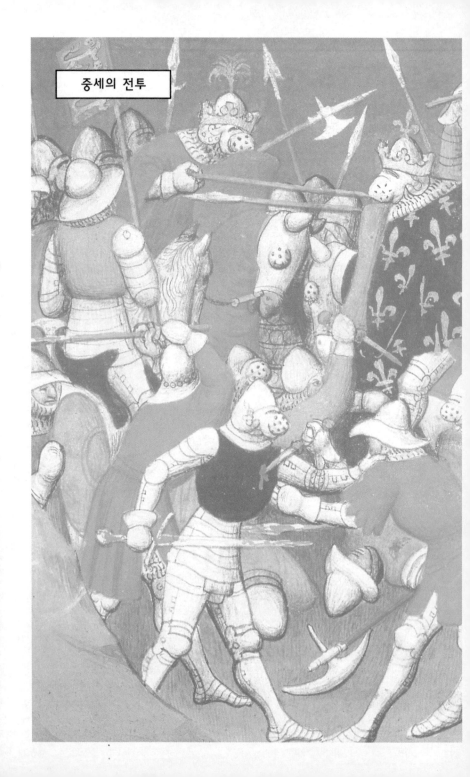

중세의 전투

# 기사들은 어떤 무기로
# 싸웠을까?

기사는 전쟁터에 나갈 때 많은 무기들을 가져갔어
요. 그중에서 가장 중요한 무기는 역시 칼이었어요.

초기에는 납작하고 양쪽에 날이 있는 칼을 썼어요.
이런 칼은 상대방을 쓰러뜨리는 데 유리했어요. 그래
서 이름이 '슬래싱 소드' 였지요. 영어로 슬래싱은
'베다' 란 뜻이고 소드는 '칼' 이란 뜻이에요.

하지만 슬래싱 소드의 날카로운 칼날도 갑옷을 뚫
지는 못했어요. 그래서 사람들은 더 길고 더 뾰족한

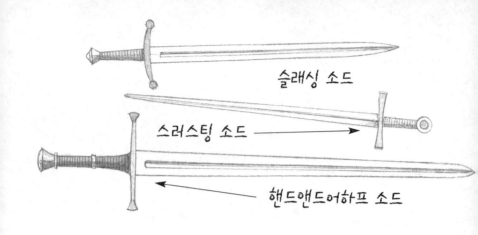

슬래싱 소드

스러스팅 소드 ——→

핸드앤드어하프 소드

칼을 만들었어요. 그 칼이 바로 '스러스팅 소드' 예요. '스러스팅' 은 '찌르다', '꿰뚫다' 라는 뜻이죠. 스러스팅 소드는 끝이 뾰족해서 철 갑옷의 이음매 부분이나 미늘 갑옷의 고리를 뚫을 수 있었어요.

중세 후기에는 한 손으로는 도저히 들 수 없을 만큼 길고 무거운 칼을 가지고 다니는 기사도 있었어요. 바로 '핸드앤드어하프 소드' 라는 칼이었어요. 이

칼은 그 길이가 거의 사람 키만 했대요!

　창도 칼만큼 중요한 무기였어요. 중세 유럽의 창은 끝이 뾰족한 기다란 막대기 모양이었어요.

　말을 탄 기사는 한 손에 창을 들고 적진을 향해 돌진했어요. 그리고 적과 어느 정도 가까워지면 창으로 적을 찌르거나 말에서 떨어뜨렸죠.

어떤 때는 창을 든 기사들이 한 줄로 서서 동시에 적에게 돌진하기도 했대!

손잡이에 쇠사슬이 달려 있고 쇠사슬 끝에 쇠뭉치가 달린 철퇴도 있었어요. 그 쇠뭉치에는 날카로운 쇠가시가 박혀 있었지요. 손잡이 끝에 바로 쇠뭉치가 달린 방망이도 있었어요. 이런 무기로 맞으면 투구는 박살이 났어요. 물론 기사도 무사하지 않았죠!

철퇴

방망이

기사의 무기 중에는 '전투용 도끼'와 '전투용 망치'도 있었어요. 전투용 도끼는 짧은 손잡이 위에 넓고 날카로운 날이 달려 있었죠. 전투용 망치는 커다란 망치와 방망이와 칼이 한데 붙은 모양이었어요.

전투용 도끼

전투용 망치

## 방패

초기의 기사들은 아주 커다란 방패를 무기와 함께
갖고 다녔어요. 방패는 적의 무기로부터 기사를 보호
해 주었지요.

하지만 갑옷이 발전하면서 방패는 점점 작아졌어
요. 그러다가 1400년대 후반부터는 대부분의 기사들
이 전쟁터에서 방패를 쓰지 않게 되었어요. 대신에
시합 때만 방패를 들고 나갔지요.

시합이란 말을 타고 하는 검술 시합을 말하는 거예
요. '마상 검술 시합' 이라고도 하죠.

# 마상 검술 시합

마상 검술 시합은 원래 전쟁 연습에서 유래되었어요. 초기에는 기사들이 팀을 나뉘어 정신없이 싸웠어요. 이런 싸움을 '멜레' 라고 불렀어요.

멜레는 규칙도 거의 없이 무조건 치고받는 싸움이었
죠. 어느 팀이 이겼는지 알 수 없을 정도였어요. 그래
서 두 사람이 대결하는 방식이 생겨났어요.

　가장 인기가 있었던 시합은 '마상 창 시합'이었어
요. 기사 두 명이 말을 탄 채 창으로 상대방을 말에서
떨어뜨리는 경기였죠.

# 성을 지켜라!

　마상 검술 시합 때 기사들은 명예와 우승을 위해서
싸웠어요. 하지만 전쟁에 나가면 자기 목숨을 지키기
위해서 싸웠죠.

　기사들은 여러 가지 이유 때문에 전쟁에 나갔어요.
왕을 도와 더 많은 영토를 차지하기 위해 전쟁을 하기
도 했고 빼앗긴 땅을 되찾기 위해서 싸우기도 했죠.

　그리고 때로는 교회를 위해서 수천 킬로미터나 떨
어진 먼 곳까지 가서 싸우기도 했어요.

하지만 목숨을 건 싸움이 벌어진 곳은 대개 장원과 가까운 곳이었어요. 적의 공격으로부터 영주의 성을 지켜야만 했으니까요.

## 포위 공격

적이 성을 빼앗으려고 갑작스럽게 쳐들어올 때도 있었어요. 영국에서는 적이 짚단 속에 숨어서 들어와 성을 공격한 일도 있었죠.

하지만 성을 공격할 때 가장 자주 쓰인 방법은 '포위 공격' 이었어요.

포위 공격을 할 때 적의 병사들은 우선 성 주위를 에워쌌어요. 그리고 성안에 있는 사람들이 나오지 못하게 하고 성안으로 음식물이나 생활에 필요한 물건들이 들어가지 못하게 막았죠.

그사이 다른 병사들은 성안으로 들어가기 위해서 갖가지 방법을 썼어요. 성안에 들어가는 데 필요한 특별한 무기를 만들기도 했지요.

포위 공격을 할 때는 아주 거대한 기계들도 쓰였어

요. 가장 큰 것은 바퀴가 달린 탑으로, 성의 탑과 맞
먹을 만큼 높았고 수백 명의 병사들이 그 위에 올라
가도 끄떡없을 정도로 튼튼
했죠.

포위 공격을 하는 동안 적
군은 이 탑을 성벽 바로 앞
까지 밀고 가서는 그 뚜
껑을 열었어요. 그
러면 탑 안에 있던
군사들이 밖으로 기어
나와서 흉벽을 넘어
들어가려고 애썼죠.

바퀴 달린 이동식 탑을
'고양이' 나 '곰' 이라
부르기도 했대.

그 밖에도 '파성퇴'라는 기계가 있었어요. 파성퇴
는 아주 크고 무거운 통나무로 만들어졌는데 성문이
나 성벽을 부수는 데 쓰였어요.

'투석기'라는 것은 거대한 새총처럼 생겼어요. 커
다란 바위를 성벽을 향해 쏘아 보내는 무기였지요.
물론 성안에 있는 사람들의 머리 위로
바위들을 쏘아 보내기도 했죠.

이름이 투석기라고 해서 바위만 쏜 것은 아니었어요. 어떤 때는 동물의 사체를 성안으로 쏘아 보내기도 했어요. 성안에 질병이 퍼지도록 말이에요. 심지어 사람의 시체를 던지기도 했다고 해요.

징그러워!
시체의 머리를
성벽 너머로 쏘아
보내기도 했대!

## 성 지키기

포위 공격이 진행되는 동안 성안에 있는 사람들이 그냥 앉아서 당하고 있지만은 않았어요. 적군의 공격을 막기 위해 애를 아주 많이 썼지요.

병사들은 흙벽과 탑에서 화살을 쏘았어요. 적이 가까이 다가오기를 기다렸다가 바위나 통나무를 떨어뜨리기도 했지요. 어떤 때는 펄펄 끓는 물이나 뜨거운 기름을 적의 머리 위에 붓기도 했어요.

대부분의 성안에는 비밀 통로가 있었어요. 어떤 통로에는 바닥에 구멍이 나 있기도 했지요. 병사들은 이런 비밀 통로에 숨어 있다가 적군이 통로 밑으로 지나가면 구멍을 통해서 바위를 떨어뜨리거나 화살을 쏘았어요.

## 전쟁의 끝

일단 포위 공격이 시작되면 전쟁은 몇 달이나 지루하게 계속되었어요.

적이 성안으로 들어가지 못하더라도 포위 공격을 통해 전쟁에서 승리할 수 있었어요. 포위 공격이 몇 달씩 길어지면 성안에 있는 사람들이 굶어 죽기도 했거든요.

하지만 대부분 포위 공격은 그런 일이 벌어지기 전에 끝났어요.

성안 사람들이 굶주림을 견디다 못해 항복하는 경우도 있었어요. 그러면 적이 성과 그 주변의 땅을 모두 차지하게 되었어요.

지위가 높을수록 몸값도 높아졌지.

성을 차지한 군대는 성주의 가족들과 귀족들을 성안에 잡아 두고 '몸값'을 요구했어요. 누군가 포로를 풀어 주기 위해 대가를 치를 때까지 잡아 두는 것이었죠.

성안 사람들이 적을 물리치는 경우도 있었지요. 대개 성에는 밖으로 통하는 비밀 문이 있었어요. 병사

들은 이 비밀 문을 통해 성밖으로 나가서 적을 공격
할 수 있었거든요.

　왕이나 다른 성의 영주가 도와주러 올 때도 있었
죠. 기사들로 이루어진 군대가 성안에 있는 사람들을
구해 주었어요.

　만약에 성을 공격하던 군대가 지게 되면 그들은 사
형을 당하거나 몸값을 지불할 때까지 잡혀 있거나 그
것도 아니면 끔찍한 지하 감옥에 오랫동안 갇혀 있어
야 했어요!

이런 비밀 문을
어려운 말로
'출격구'라고 해.

# 지하 감옥

성에는 어둡고 축축한 지하 감옥이 있었어요.

지하 감옥에 갇힌 죄수들은 벽에 달린 쇠사슬에 밤낮을 가릴 것 없이 내내 묶여 있어야 했죠. 어떤 때는 죄수를 쇠사슬에 묶어 놓은 채 굶어 죽도록 내버려 두기도 했다지 뭐예요!

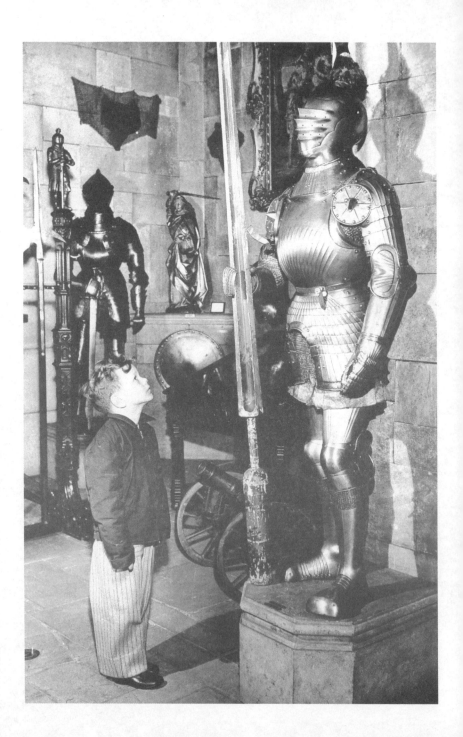

# 사라진 기사와 중세의 끝

성의 시대는 500년 정도 이어졌어요. 그러다 마침내 사람들은 성에 싫증을 내기 시작했어요.

사실 성안은 어둡고 바람도 잘 통하지 않았고 지저분하기까지 했죠. 성은 편안하게 생활하기 위해 지은 집이라기보다는 침입자들의 공격을 막기 위한 요새였거든요.

시간이 지나면서 새로운 무기들이 자꾸 발명되었죠. 그중에서도 가장 강력한 무기는 바로 대포였어요.

대포는 1300년대에 유럽에서 처음 쓰였어요. 그리고 1400년대에는 대부분 군대에서 성을 공격할 때 대포를 사용하게 되었죠.

대포는 무거운 돌이나 쇠로 된 대포알을 엄청나게 강력한 힘으로 쏘아 보낼 수 있었어요. 그러니 아무리 튼튼하게 지어진 성이라도 대포 공격에는 오래 버틸 수가 없었죠.

중세 말에는 전쟁터에서도 대포를 쓰게 되었고 총

대포는 바퀴가 달린 커다란 총 같은 것이라고 생각하면 돼.

도 사용되기 시작했죠. 기사의 갑옷과 무기는 대포알과 총알을 당할 수가 없었어요.

봉건 제도는 무너지기 시작했어요. 그리고 왕들은 자기 왕국을 지키기 위해서 전쟁 때만 병사들을 모으는 대신에 자신의 군대를 만들게 되었죠. 언제라도 마음만 먹으면 바로 전쟁을 할 수 있도록 말이에요.

중세 말에는 새로운 성이 거의 지어지지 않았어요. 번쩍거리는 갑옷을 입고 싸움을 하던 기사도 옛이야기 속으로 사라지게 되었답니다.

## 오늘날의 기사와 성

그렇다고 기사와 성이 다 사라진 것은 아니에요. 옛이야기 속에, 전설 속에 그리고 우리의 전통 속에 남아 있죠.

유럽에는 지금도 기사가 되는 사람들이 있어요. 하지만 싸움을 잘해야 기사가 되는 것이 아니에요. 말 타는 법을 전혀 모르는 사람도 기사가 될 수 있어요. 나라를 위해서 훌륭한 일을 한 사람에게 왕실이나 기사의 작위를 받은 여자는 **데임**이라고 부른대.

정부에서 '기사'라는 이름을 내리거든요.

수백 년 전 지어진 많은 성들이 아직도 그 모습을 뽐내고 있어요. 세계 여러 나라 사람들이 해마다 중세의 성들을 구경하러 가죠. 이런 성 중에는 갑옷, 무기, 옷가지 같은 중세 시대의 여러 가지 물건들이 진열되어 있는 곳이 많아요.

만약 중세 때 지어진 성에 직접 갈 기회가 생기면 성문에 달린 도개교를 건너는 순간 다른 시대로 여행을 떠날 수 있을 거예요.

수백 년 전에 살았던 장인들이 직접 손으로 쪼아 만든 벽돌을 만질 수도 있고 경비병들이 적이 오는지 살피던 성벽 위를 걸을 수도 있을 거예요.

시동들이 은 쟁반에 음식을 담아 영주와 귀부인들에게 나르던 연회장에 앉아 볼 수도 있겠죠.

그럼 함께 떠나 볼까요? 멋진 기사와 웅장한 성들이 있었던 그 시절로!

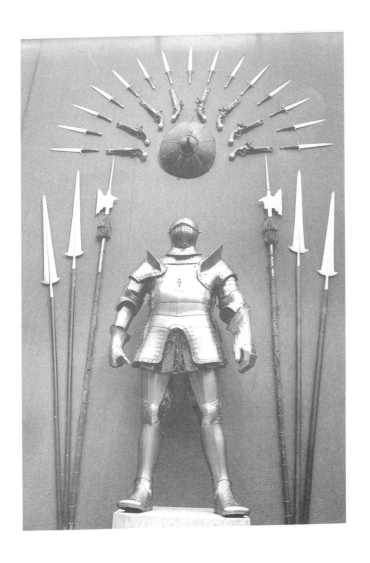

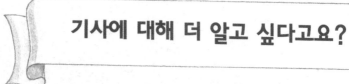

# 기사에 대해 더 알고 싶다고요?

　기사와 성들에 대해서 더 많이 배울 수 있는 길은 참 많아요.

　공부의 진짜 재미는 헤아릴 수 없이 많은 자료 창고들을 직접 이리저리 탐험하는 데 있다는 사실!

# 책

도서관과 서점에 가 보면 기사와 성 그리고 중세의 생활에 대한 책들을 찾을 수 있어요.

책을 찾을 때는 이런 것들을 미리 알아 두세요!

### 1. 책에서 필요한 부분만 골라 읽어도 돼요.

처음부터 읽지 말고 먼저 차례나 찾아보기를 펼쳐서 여러분이 알고 싶은 것이나 궁금한 것이 나온 부분을 찾아 읽어도 돼요.

### 2. 책의 제목을 적어 두세요.

책의 내용을 메모할 때는 어느 책에서 옮겨 적은 것인지 그 책의 제목, 출판사, 지은이를 함께 적어 두면 좋아요. 그럼 나중에 다시 찾아보기 편리하답니다.

### 3. 책에 쓰인 대로 똑같이 베끼지 마세요.

책을 통해서 새로운 것을 알게 되었을 때는 책에 있는 내용을 그대로 베껴 쓰지 말고 자기 나름대로 생각한 내용을 옮겨 적어 보세요. 그러면 기억도 더 잘 되고 글 솜씨도 좋아져요.

## 4. 논픽션인지 확인하세요.

기사와 성에 대한 상상의 이야기를 담은 책들이 아주 많아요. 이렇게 상상해서 꾸며 낸 이야기들을 '픽션'이라고 불러요. 재미있지만 자료를 찾는 데는 알맞지 못하답니다. 자료를 조사할 때는 실제로 있었던 사실이 담긴 책을 찾아야 해요. 이런 책들을 '논픽션'이라고 해요. 도서관 선생님께 여러분이 보려는 책이 논픽션인지 아닌지 여쭤 보세요.

성과 기사 등 중세 유럽에 관한 것들을 담은 논픽션 책들을 몇 권 소개할게요.(책 제목, 글쓴이, 출판사, 출판 연도 순서로 소개할게요.)

아널드, 중세의 성을 지켜라! 조애너 콜 글/ 비룡소, 2004년
생각하는 세계사 역사사랑 글/ 을파소, 2004년
성 데이비드 맥컬레이 글/ 소년한길, 2004년
중세의 성 크리스틴 사니에 글/ 보물섬, 2003년
중세의 성과 봉건주의 갈리마르 엮음/ 아이세움, 2003년

## 다양한 자료 창고
# 박물관

유럽에는 중세의 여러 가지 물건들을 전시한 박물관이 많이 있어요. 수백 년 전에 사람들이 정말 사용했던 물건들을 보는 일은 참 재미있죠. 유럽에 놀러 가게 되면 이 박물관들을 찾아가 보세요.

박물관에 갈 때는 이런 것들을 알아 두세요.


### 1. 수첩을 가지고 가세요.

관심이 가는 것이 눈에 띄면 뭐든 적어 두세요. 그림도 옆에 그려 두면 더욱 좋겠죠!

### 2. 궁금한 것이 있으면 질문하세요.

궁금한 점이 생기면 주저하지 말고 물어보세요. 박물관에는 여러분이 찾고자 하는 것을 찾을 수 있게 도와줄 어른들이 늘 있으니까요.

### 3. 박물관의 전시 일정표를 확인하고 가세요.

어린이를 위해 특별 행사를 하는 박물관도 많아요!

다음은 유럽에 있는 박물관 중에서 중세에 관련된 자료들
이 잘 갖추어져 있는 곳을 몇 군데 꼽아 본 것이에요.

대영 박물관
http://www.thebritishmuseum.ac.uk/

영국 빅토리아앨버트 미술관
http://www.vam.ac.uk/

프랑스 루브르 박물관
http://www.louvre.fr/

프랑스 클뤼니 중세 박물관
http://www.musee-moyenage.fr/

스위스 국립 박물관
http://www.musee-suisse.com/

생생한 화면 자료
**비디오**

　기사와 성에 대한 영화는 대부분 동화나 전설처럼
꾸며 낸 이야기예요.
　하지만 기사와 성에 대한 진짜 이야기를 담고 있는
비디오도 있어요. 도서관이나 비디오 가게에 가서 논

픽션 비디오가 있는지 한 번 찾아보세요.

놀이로 배우는 지식
## 시디롬

시디롬은 재미난 게임과 함께 지식을 얻을 수 있어
요. 심심할 때 시디롬을 갖고 노는 것도 좋을 거예요.

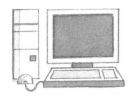

정보의 바다
## 인터넷

인터넷에서는 가장 최근에 나온 자료를 찾을 수 있
어요. 인터넷에서 자료를 찾을 때는 어린이 전문 사
이트나 학습 사이트를 참고하는 것도 좋아요.

지은이의 말


# 기사가 사는 성으로 지식탐험을 떠나요


　우리는 중세에 대한 일을 전에 했던 적이 있어요.
메리는 중세의 이야기들을 고쳐 썼고 윌은 기사와 성
이 있던 시대를 배경으로 한 셰익스피어의 연극들을
공연했지요. 이 책을 쓰면서 우리는 이 동화 속 이야
기 같은 시대에 대해서 더 많은 것을 배웠어요. 자료
를 모으느라 영국의 잉글랜드와 웨일스 지방에 있는
성에도 다녀왔고요, 뉴욕 시에 있는 메트로폴리탄 박
물관의 갑옷 전시장에 가서 많은 시간을 보내기도 했
답니다. 거기서 우리는 집에서 멀리 벗어나지 않고서
도 중세로 날아갔다 올 수 있다는 것을 알았죠.

　　　　　　　뉴욕에서 메리 폽 어즈번과 윌 어즈번

110

# 찾아보기

**ㅎ**

\* 이 책은 중세 유럽의 기사와 성에 관한 책이기 때문에 기사, 성, 영주 등 자주 등장하는 용어는 생략했습니다. 이 용어들에 대한 설명을 찾고 싶으시면 '차례'를 이용하세요.

지은이 | **메리 폽 어즈번**
메리 폽 어즈번은 미국에서 태어났다. 노스캐롤라이나 대학에서 연극을 공부했고, 그리스 신화와 종교에 매료되어 종교학을 공부하기도 했다. 졸업 후에 그리스의 크레타 섬에 있는 동굴에서 생활하기도 했고, 유럽 친구들과 함께 이라크, 이란, 인도, 네팔 등을 비롯한 아시아 16개국을 자동차로 여행하기도 했다. 여행 중에 아프가니스탄에서 지진을 겪기도 하고, 히말라야에서 독이 몸에 퍼져 목숨을 잃을 뻔하기도 했다. 고향으로 돌아온 후에는 윈도 디스플레이어, 병원 조무사, 식당 종업원, 바텐더, 어린이 책 잡지 편집자 등 다양한 직업을 가지며 생활했다.
17년 동안 50여 권 이상의 어린이 책을 썼으며 대표작인 「마법의 시간여행」 시리즈는 공룡, 중세 기사, 미라, 해적 등 다양하고 폭넓은 주제를 다룬 본격 어린이 교양서로 어린이들로부터 열렬한 사랑을 받고 있다.

지은이 | **윌 어즈번**
연극배우이자 감독, 극작가로 활동해 왔다. 위싱턴에서 연극을 공연하던 중 아내 메리 폽 어즈번을 만나 결혼했다. 아내와 함께 「마법의 시간여행 지식탐험」 시리즈를 썼다.

옮긴이 | **노은정**
연세대학교 영어영문학과를 졸업하고 어린이 책들을 번역하고 있다. 옮긴 작품으로는 「마법의 시간여행」 시리즈, 「마음과 생각이 크는 책」 시리즈, 「과학탐정 도일과 포시」 시리즈와 「안녕, 해리」, 「해리야, 잘 자」 등이 있다.

중세의 기사

메리 폽 어즈번, 윌 어즈번 지음 / 살 머도카 그림 / 노은정 옮김

1판 1쇄 펴냄—2004년 8월 20일
1판 8쇄 펴냄—2005년 11월 7일

**펴낸이** 박상희
**펴낸곳** (주)비룡소
출판등록 1994. 3. 17.(제16-849호)
주소 135-887 서울시 강남구 신사동 506 강남출판문화센터 4층
**전화** 영업(통신판매) 515-2000(내선1) / 팩스 515-2007 / 편집 3443-4318~9
**홈페이지** www.bir.co.kr

값 7,000원

ISBN 89-491-9025-7 73920
ISBN 89-491-9023-0 (세트)